LA FRONTIÈRE.

SCÈNE

PATRIOTIQUE

EN DEUX ACTES;

PAR L. REYNIER.

A PARIS,

De l'Imprimerie, rue du Théâtre-François,
n°. 4.

L'AN SECOND DE LA RÉPUBLIQUE FRANÇAISE.

AVANT-PROPOS.

J'avois choisi ce sujet qui me parois-
soit neuf , malgré le grand nombre
des pièces de circonstance. Les admi-
nistrateurs du *Théâtre National* , le
trouvant sans doute moins propre à se-
conder les progrès de l'esprit public ,
que Selico, Estelle , etc. ont refusé
mon ouvrage. N'étant pas de leur avis,
j'en appelle au public , et j'invite
tous les théâtres à s'occuper d'une
pièce , qui peut avoir des défauts , mais
qui est l'expression d'un cœur républicain. On doit espérer que tôt ou tard
une surveillance nationale débarrassera
les auteurs des caprices des entrepre-
neurs de théâtres , et que sans intri-
guer dans les coulisses , ils pourront
jouir du fruit de leurs travaux.

A 2

PERSONNAGES.

Le Maire.

Les Officiers municipaux.

Deux Officiers Français et des détachemens
de troupes.

Des habitans de la commune.

PIERRE,
GEORGES,
JEAN,
GEORGINE, } *habitans de la commune.*
ALINE,
PERETTE,
PAULINE,

THUNDERCRAFT, *officier autrichien.*

SANTABIOCÉ, *émigré au service de Pié-
mont.*

COURVILLE, *d'abord officier municipal
de la commune ; puis en costume de
l'ancien régime, avec des rubans
d'ordres.*

Le Curé de la commune.

Troupes d'Autrichiens et de Piémontois.

———————

*Le théâtre représente une place dans un village :
de chaque côté des maisons et des rochers ou collines
qui se combinent avec la toile du fond, qui doit
offrir une vue des montagnes des environs du Mont-
Blanc. Thundercraft doit avoir un accent allemand
très-prononcé.*

LA FRONTIERE.

ACTE I.

Au moment où on lève la toile, les habitans de la commune sont réunis sur la place, et portent dans leur physionomie et dans leurs gestes l'empreinte de la joie.

SCÈNE PREMIÈRE.

PIERRE.

PLUS de crainte ! aucun danger !
Les Français ont la victoire.
En douter, c'est outrager
L'amour qu'ils ont pour la gloire.

CHŒUR.

En douter, etc.

PIERRE.

Vivre heureux ! toujours content !
C'est le sort que nous prépare
Un peuple aussi bienfaisant.
Malheur à qui nous en sépare !

CHŒUR.

Malheur à qui nous en sépare !

GEORGINE, PERRETTE, ALINE.

As-tu vu ces combattans ,
Leur ardeur et leur courage ?
Les Français sont effrayans
Pour les soldats d'esclavage.

PIERRE.

Ils tombent ; et , dans leur sang ,
Noyés ils perdent la vie.
Leurs frères prennent son rang ,
Disant , il meurt pour sa patrie ,
Il est heureux , et son sort
Nous paroît digne d'envie :
Car ce n'est rien que la mort ,
Lorsqu'on meurt pour sa patrie.

CHŒUR.

Car ce n'est , etc.

GEORGINE.

Oui. Mais c'est les pauvres gens ,
Car les gros ont pris la fuite ;
Ils étoient trop exigeans ,
Tant qu'à la fin on s'irrite :
Ils vouloient tout avaler ,
Et rongeoient le pauvre monde :
Mais si l'on peut se régaler ,
Ce n'est pas seul , mais à la ronde.

PIERRE.

Des émigrés nous savons la fureur
Contre la France et la liberté sainte ;

Mais leur noblesse , au sein de sa grandeur ,
Par la famine et l'orgueil est éteinte.
D'abord choyés par tous les rois ,
Ils se sont crus grands personnages :
Et se fâchant tous à la fois ,
Grands et petits , de tout parage ,
Pour massacrer leurs ennemis ,
Ont fait un grand pélerinage.
C'est à Coblentz : où , très-mal mis ,
Même en fort mauvais équipage ,
Ces gros messieurs se sont rendus ,
Tous parlant haut de leur courage.
Mais bientôt ils furent battus ,
Ces défenseurs de l'esclavage ;
Et de chevaliers conquérans ,
Grace aux Français , à leur courage ,
Devenus chevaliers errans ,
On les poursuit ; ils ont la rage.

C H OE U R.

Et de chevaliers , etc.

J E A N.

Chantons ! dansons ! soyons heureux !

C H OE U R.

Chantons ! etc.

P E R R E T T E.

La liberté nous est un gage ,
Qu'aucun despote audacieux
N'ose attaquer , sans faire outrage
A ces Français nos bons amis.

A 4

GEORGES.

Honneur aux sans-culottes !
Pour vaincre les despotes,
Qui sont leurs ennemis ,
Ils n'ont qu'à faire rage ,
A montrer leur courage ;
Car le despote est toujours sot :
Et qui peut, avec audace ,
Lui faire laide grimace ,
Doit l'effrayer par un seul mot.

GEORGINE.

On a chassé l'ennemi. Ces Français ont bien du courage ! . . . . . . ils étoient . . . . ?

PIERRE.

Quinze cens contre six mille ! . . . Je les ai vus , j'étois avec eux. Ils ne remuent pas : un coup de canon en balaye trente, cinquante , cent , que les blessés et les vivans crient : vive la République ; c'est le seul cri que l'on entend. Aussi nous sommes en sûreté..... Quand les Français iront déloger les ennemis qui sont sur la montagne que vous voyez d'ici , je compte en être ; leur commandant me l'a promis.

GEORGES.

Eh moi donc ! me laisseras-tu ?

GEORGINE.

Et moi je resterai seule? mon frère, et toi Pierre....

GEORGES.

Dis donc ton amant. As-tu peur de ce mot ?

PIERRE.

Nousreviendrons, après la victoire, plus dignes de toi.

GEORGINE.

Et si vous étiez blessés ?

GEORGES, *avec enthousiasme.*

Nous le serions pour la cause de la liberté.

GEORGINE.

Et vos amis ! ta sœur ! Pierre , que je dois épouser aujourd'hui, qui m'aime !

JEAN.

Ne vas-tu pas faire la belle pleureuse ? Eh! les Français ne sont-ils pas ici? n'ont-ils pas leur camp à une lieue d'ici ? n'avons-nous pas un détachement de ces bons amis dans notre commune? Mariez-vous ; les ennemis ne viendront pas vous troubler cette nuit. Moi, je me marie avec Perette, et je n'en ai pas peur.

Plusieurs Citoyens.

Il a raison , mariez-vous.

PIERRE.

Voici les premiers mariages qu'un prêtre ne défigure pas ; peut-on les retarder! Ce sont les premiers de la liberté ; l'armée française garantit leur bonheur.

GEORGINE.

J'avois un peu d'inquiétude, mais tu me rends le courage.

GEORGES.

Notre municipalité va venir, c'est sous cet arbre de la liberté qu'elle veut inscrire nos mariages , qu'elle les bénira , au nom de la raison.

GEORGINE.

L'ennemi verra nos feux de joie.

PIERRE.

Et les infâmes émigrés pâliront de notre bonheur. Que la rage puisse les étouffer!... comme cela doit arriver.

CHOEUR.

Dansons, etc.

JEAN.

Ces hordes fugitives
Vouloient nous attendrir,
Par leurs faces plaintives,
Que la peur fait pâlir;
Mais leur trop d'indécence,
Leur trop de suffisance
Ne pouvoit se souffrir.
Il faut de cette race
Anéantir la trace,
Car tout n'est que grimace,
Même leur repentir.

ALINE.

Et dans plus d'une histoire,
Qu'ils disoient à leur gloire,
On les voyoit mentir.

GEORGINE.

Près de nous en guenilles,
De beaucoup de vétilles
Ils vouloient se servir.

JEAN.

Prêtre sans bénéfice,
Parlement sans justice,
Et noble sans service,
Toujours prêts à partir,
Venoient dans nos montagnes
Séduire nos compagnes,

Et pour nous convertir.
Mais de leurs ames noires
Nous savions les histoires,
Ils avoient beau mentir.
Nous avions connoissance,
Qu'on les faisoit en France
Rendre gorge et sortir :
Les Français, dans la suite,
Venant à leur poursuite,
Nous ont fait grand plaisir :
Vivent les sans-culottes.
Pour vaincre les despotes,
Les faire déguerpir.

C H Œ U R.

Vivent, etc.

SCÈNE DEUXIEME.

LES PRÉCÉDENS, LE MAIRE, LES OFFICIERS MUNICIPAUX, *décorés de leurs écharpes.*

LE MAIRE.

Bien, citoyens ! bien, mes amis ! c'est agir en vrais républicains. L'ennemi, depuis son camp, peut voir votre joie ; elle décourage ses troupes.

P I E R R E.

Eh! comment serions-nous tristes ? Tous les jours nos amis les Français se battent, et n'en sont que plus gais. Ils vont au combat en dansant la carmagnole, ils en reviennent de même. Et nous qui allons nous marier, nous que ces braves soldats protègent, nous dansons aussi.

L e M a i r e.

Mes amis, voici les premiers mariages républicains célébrés dans notre commune, les premiers que la présence d'un prêtre célibataire n'a pas souillés. Nous allons les bénir à l'ombre de l'arbre de la liberté. Cette cérémonie auguste est une époque pour vos enfans. Dans leur vieillesse, l'hiver, au coin du feu, ils diront à leurs petits-fils cette époque mémorable ; et cet heureux souvenir, retracé d'âge en âge, rajeunira, dans les siècles à venir, l'amour de la liberté. Ils célébrèrent, diront-ils, la fête de leur hymen à la vue de l'ennemi, à portée de ses coups; mais ils étoient défendus par les premiers républicains.

P I E R R E.

Le détachement français, qui est dans

cette commune, ne viendra-t il pas assister à
cette cérémonie ?

L E M A I R E.

Il y sera : ces braves soldats répondront
à mes accens, et ce chœur vaudra mieux
que celui des prêtres.

G E O R G E S.

J'entends le tambour.

L E M A I R E.

Préparons tout pour la cérémonie ; des
bancs, une table, sous l'arbre de la liberté.

*(Pendant que les citoyens arrangent cette table,
le détachement arrive, et après une évolution
ou deux les soldats se mêlent et se grouppent
avec les habitans.)*

SCÈNE TROISIEME.

L E M A I R E.

Donnons à cette cérémonie tout l'ap-
pareil qu'elle exige. La liberté chasse les
préjugés : elle seule préside à ces momens
sublimes, où l'homme, cessant d'être victime de la crédulité, contracte avec la

patrie l'engagement solemnel d'être époux
et bon père. Vous, Pierre et Georgine ;
vous, Georges et Aline ; vous, Jean et
Perette, approchez de cet arbre ? Pro-
noncez ?.....

SCÈNE QUATRIEME.

Les précédens, le Curé, *qui entre avec
colère.*

Le Curé.

Qu'est ceci ! mais quelle audace !
On enfreint, en ce moment,
Les droits sacrés de ma place,
Sans avoir mon agrément.

Le Maire.

Mais pourquoi tout ce vacarme.

Le Curé.

Il faut bien qu'on se gendarme.

Le Maire.

Mais la loi vous le défend.

Le Curé.

Bon la loi. Mais je suis prêtre,
Et sans moi peut-on permettre
Qu'il vienne au monde un enfant ?

GEORGETTE.

Comment un célibataire
Connoîtroit-il ce mystère ,
Que son culte lui défend ?

CHOEUR.

Comment , etc.

LE CURÉ.

Paix donc ! voyez l'insolence ?
Pour un autre , en abstinence ,
Nous faisions naître un enfant.

PIERRE, GEORGES, JEAN.

Citoyen , on vous dispense
D'une pareille abstinence.
Car la loi vous la défend.
Mariez-vous , c'est votre affaire ,
Mais il n'est pas nécessaire
De plus d'un père à chaque enfant.

CHOEUR.

Mariez-vous, etc.

LE CURÉ

Eh bien ! eh bien ! voyez quelle insolence ! Me manquer ! à moi, le curé de l'en-
droit ! Citoyen maire , empêchez donc ce
désordre ! car un pays ne peut être heureux
que quand on y respecte les prêtres.

LE

Le Maire.

Vous voulez dire, lorsqu'ils sont respectables.

Le Curé.

Philosophie ! Mais je soutiens que les prêtres sont plus nécessaires aux hommes, que le boire et le manger ; que vous ne serez pas bien mariés sans moi ; que ce seroit une pure fornication. Vous l'entendez ? une pure fornication.

Pierre, au Curé.

Il y a quatre mois que je suis revenu de Paris : je sais mieux que vous ce que c'est qu'un prêtre : c'est un charlatan, comme j'en ai vu sur le pont au Change. J'ai apporté, avec moi, les feuilles du père Duchesne, qui le disent. Je vous les lirai, mon révérend père, si vous le voulez ?

Le curé fait le signe de la croix.

Le Maire.

Écoutez, curé, vous avez de la peine à vous défaire des anciennes habitudes, mais le tems les déracinera. Laissez-nous ? quand on aura besoin de vous, on vous appellera.

B

L e C u r é.

Je m'inscris contre ces mariages : ils sont nuls de droit divin.

L e M a i r e.

Et très-bons de droit républicain. Laissez-nous ?

L e C u r é.

Les saints ne les béniront pas.

L e M a i r e.

Ces braves sans-culottes y donnent leur vœu ; et des soldats valent mieux que des saints, pour faire fructifier les mariages.

L e C u r é.

Hérésie ! damnable hérésie !

Il se retire à l'écart, avec une panto-mime de mépris, pendant le reste de la scène.

L e M a i r e.

Ce curé nous a interrompus. Approchez-vous, mes enfans. Promettez, amour à la patrie, respect aux loix, confiance et amitié l'un pour l'autre ; et la république recon-noîtra, en vous, de bons citoyens.

L E S   J E U N E S   M A R I É S.

Nous le promettons.

L E   M A I R E.

L'arbre de la liberté, et ces braves défenseurs, sont les témoins de vos promesses.
Signez le registre qui constate votre union.

Chœur des spectateurs, pendant la signature.

Amour sacré de la patrie !
Brûlant amour ! source de vie !
Bénis ces cœurs formés pour toi ;
Car c'est au sein des allarmes,
Au milieu du bruit des armes,
Qu'ils respirent sous ta loi.
Dieu des humains ! toi, Liberté sacrée !
Toi, qui toujours dirigeas nos desseins !
Pour ces amans, du haut de l'empirée,
Dans l'avenir fixe d'heureux destins.
Amour de la patrie !
Divinité chérie !
Pour eux, d'heureux destins !

L E   M A I R E.

Bien, mes amis ! sans liberté, point de
bonheur. Souhaitez-leur de vivre toujours
libres, et ils seront toujours heureux.

SCENE CINQUIEME.

LES PRÉCÉDENS, UN OFFICIER, *en désordre.*

L'OFFICIER, *aux Français, avec
désordre.*

Nous avons été trahis !.... au moment
de l'attaque.... nos canons encloués.... un
traître.... nos retranchemens livrés.....

LE COMMANDANT *du détachement, avec feu.*

Et tu fuis !

L'OFFICIER, *avec feu.*

Un citoyen français !.... sait mourir et
ne fuit pas. Je viens te porter des ordres:
un corps d'armée se rallie ; il se porte vers
ces monts que tu vois. De là, foudroyant
l'ennemi, nous reprendrons l'avantage que
nous avons perdu. (*Aux troupes.*) Suivez-
moi ? (*aux citoyens*) Il faut des guides.

Plusieurs citoyens.

Nous nous offrons.

GEORGETTE.

Et notre commune sera livrée aux ennemis ?

L'O**FFICIER** *avec attendrissement.*

Un moment ; (*avec bien du regret*). Les désordres que commettent ces brigands nous déchirent le cœur : mais le salut de la patrie nous force à changer de position.

Le M**AIRE**, *avec enthousiasme, aux habitans.*

Armons-nous ! (*aux soldats.*) Nous marcherons avec vous, nous vous aiderons à vaincre. Amis ! l'amour de la patrie est aussi dans nos cœurs ; nous suivrons votre exemple ; si nous ne portons pas des coups aussi sûrs , au moins nous formerons un rempart.

Le C**OMMANDANT** *du détachement.*

Respectable maire , nous acceptons tes offres. (*aux habitans*) Oui , venez avec nous , nous vous défendrons.

Des citoyens de la commune.

Notre maire , nous sommes prêts à te suivre. Mais quitte cette écharpe ! elle seroit un signal pour l'ennemi. Ta vie nous est trop chère . . . . .

Le M**AIRE** *pressant l'écharpe contre son sein.*

La quitter, après l'avoir reçue ! Un Français ne doit la quitter qu'avec la vie........ ou après avoir perdu la confiance de ses frères.

Des citoyens.

Garde-la ! garde-la !

GEORGETTE *, suivie d'autres femmes qui paroissent partager le même sentiment.*

Et nous aussi nous vous suivrons ! Nous vous aiderons à vaincre , ... autant que nos forces nous le permettent.

LE MAIRE *, avec enthousiasme.*

Entonnons le cantique de la liberté ! Il portera dans nos ames, cet amour brûlant de la patrie, qui donne la victoire.

(Il entonne l'hymne des Marseillois , soutenu par le choeur des citoyens. Pendant l'hymne on voit passer des troupes françaises dans le fond de la scène. A la dernière strophe , un ou deux canons arrivent , les canonniers se grouppent sur leur pièce. L'hymne achevée , le détachement se réunit et se met en marche. Les habitans prennent des piques , fourches , sabres dans les maisons et défilent ensuite. On en distingue quelques-uns , et notamment un officier municipal et le curé, qui se mettent à l'écart , et reparoissent, après le départ, manifestant leur joie.

SCENE SIXIEME.

Des vieillards des deux sexes et des en-
fans restent sur la scène. Dans le nom-
bre des derniers , on distingue Justine ,
âgée de 15 ans. Ils présentent une pan-
tomime de tristesse.

C H œ U R.

Enchaînés par notre âge ,
Nous avons le courage ,
Et manquons de vigueur :
La mort , ou l'esclavage ,
Voilà notre partage ;
Pleurons un tel malheur.

Le curé.

Ma calotte ! je ne l'ai pas. (*Il sort avec*
précipitation.)

Courville.

Enfin les Piémontais viennent me déli-
vrer ! (*Il jette son écharpe municipale ;*
des enfans l'apperçoivent et lui courent
après en le menaçant , tandis qu'un vieil-
lard la relève avec respect.

(24)

Une vieille.

Invoquons saint Chrisostôme.

Une autre vieille.

Moi , je crois à saint Pacôme.

JUSTINE.

Je préfère saint François.

Une vieille.

Allons , c'est un mauvais choix.

Une vieille.

Saint François est pour ton âge ;
Mais il n'est d'aucun usage,
Lorsqu'on a ses soixante ans.

Une vieille.

Un soldat n'est pas fort sage ;
Il pourroit nous faire outrage ,
En propos fort insolens.

Un vieillard.

Des propos ! mais, pour langage,
De gestes ils font usage ,
Car ce sont des Allemands.

(*On entend une marche de troupes : les vieillards et les enfans fuyent dans les maisons
et les ferment avec soin. Il paroît une troupe
composée d'Autrichiens et de Piémontois. En
arrivant , ils coupent l'arbre de la liberté.
Santafiocé et Thundercraft s'asseoient. On
voit , dans la contenance des soldats , le désir
du pillage.*)

SCENE SEPTIEME.

THUNDERCRAFT.

La diable emporte ce maudits sans-culottes ! Ils ont taillé la moitié de mon troupe.

SANTAFIOCÉ.

Et mon régiment. Voilà ce qu'il en reste !

THUNDERCRAFT.

Les voilà chassés d'ici. Bientôt nous aller à Paris, à leur opera, on dit que c'est beau (*aux soldats*). Camarades ! il faut vider ces maisons : voir ce qui est en dedans. (*Grandes démonstrations de joie des soldats*).

SCENE HUITIEME.

Les précédens , COURVILLE , LE CURÉ *et quelques autres individus en costume de l'ancien régime.*

COURVILLE.

Messeigneurs , ayez soin que vos soldats

distinguent les maisons des sujets fidèles de sa majesté. Nous venons à vos pieds, *(Ils se mettent à genoux.)* renouveller le serment de fidélité à son auguste personne. Elle n'a pas de sujets plus soumis.

THUNDERCRAFT.

Que diable il dit ce gentilhomme? Ma maître , c'est l'empereur : il m'a dit; passe par le Lombardie , pour aller chez mon cousin , roi de Sardaigne , avec tes soldats , pour tuer tous sans - culottes : et moi , j'ai parti. Je me bats , quand on me dit , c'est ma métier.

COURVILLE.

Nous sommes les premiers, qui venons vous témoigner notre respect pour notre maître. Daignez vous en souvenir , pour l'en instruire. Nous espérons de sa gratitude, de la bonté de son ame, de.......

THUNDERCRAFT.

Dis-çà à marquis Sautefossé : il est un émigré il a pris service à la roi de Sardaigne.

SANTAFIOCÉ, *avec humeur.*

Baron , je vous ai déja dit vingt fois

mon nom , et vous l'estropiez toujours.
Je me nomme monsieur le marquis de
Santafiocé, le roi de Sardaigne a bien voulu
m'en donner le titre ; je vous prie de vous
en souvenir.

COURVILLE.

Monsieur le marquis !

SANTAFIOCÉ, *avec dédain.*

Qui êtes-vous ?

COURVILLE.

Monseigneur , j'ai eu l'honneur d'être
valet-de-chambre de monseigneur le prince
de Carignan ; et je m'étois retiré dans mon
château, quand ces maudits Français......
Mais j'espère que monseigneur le marquis
voudra bien parler pour moi, à sa majesté,
mon maître , pour.......

SANTAFIOCÉ, *avec dédain.*

J'y penserai. (*à un autre*) Et vous ?

THUNDERCRAFT.

Que diable il nous fait sa métier ! Ils
sont riches, il faut, eux donner argent à la
soldat, et du vin à moi, j'ai soif.

COURVILLE.

Monseigneur ! nous sommes ruinés. Ces maudits Français !

THUNDERCRAFT.

Caporal schlager ! (*un caporal se présente.*) Ce gentilhomme , il dit être pauvre , cependant listocrate ; fais-lui dire vrai.

Deux soldats saisissent Courville , le caporal le frappe.

COURVILLE.

Monseigneur ! grace ! (*le caporal continue à frapper.*) Il me reste bien quelque argent , mais c'est tout ce que je possède.

THUNDERCRAFT.

Ah, je savois bien ! soldats ! aller avec lui chercher son argent. (*Aux autres aristocrates , faisant signe aux soldats de les saisir.*) Et vous ? faut-il aussi ?

Les aristocrates.

Nous donnerons ce que nous avons.

THUNDERCRAFT *au curé.*

Toi , vas chercher , à nous , un bon déjeûner.

(*Le Curé sort très-vite et apporte avec empressement quelques mets et du vin ; il arrange lui-même la table devant les officiers. Ils déjeûnent pendant une grande partie de la scène. Les soldats entrent dans les maisons entraînant dehors, avec de mauvais traitemens, ceux qu'ils y trouvent, pillent et présentent le tableau d'une commune prise par les soldats des despotes).*

Le vin, il est bon. C'est beau pays la France ? dis-moi, marquis ?

SANTAFIOCÉ.

C'étoit un pays divin, délicieux. Mais à présent !.....

THUNDERCRAFT.

Il n'y a plus que canaille.

SANTAFIOCÉ.

C'est un pays désert inhabité. Plus de noblesse ! plus de princes !

THUNDERCRAFT.

C'est un drôle chose ! ces gens-là plus vouloir nobles, chapitres, prêtres, roi, pape, barons, ... comprend pas bien tout ça ..... et pourtant battre comme diables.

SANTAFIOCÉ.

Moment de chaleur ! l'imagination montée ! mais cela ne durera pas.

THUNDERCRAFT.

Mais ça dure pourtant. Ils taillent toujours mon troupes ; et la empereur ne peut pas faire réquisition, comme eux, de gens ils se battent en chantant. (*Faisant le geste de donner des coups de bâton.*) Il faut ça à nous. C'est pas des hommes , ils ont pacte avec la diable. (*Il apperçoit Justine qu'un soldat emmène.*) Ah , voilà un joli enfant ! (*au soldat*) Amène.

Le soldat.

Elle est à moi.

THUNDERCRAFT.

Caporal schlager ! Il raisonne.

(Le caporal emmène le soldat. Thundercraft veut prendre des libertés avec Pauline qui le repousse avec fermeté et sang-froid. Il la fait asseoir à côté de lui).

C'est un joli enfant. (*à Pauline.*) Vous être bien aise voir nous ici ?

PAULINE.

Vous qui déchirez notre patrie ? jamais !

THUNDERCRAFT.

Quoi ! déja penser comme ces diables Français ? c'est mal

PAULINE.

Et qui ne penseroit pas comme eux ?

THUNDERCRAFT.

Taisez-vous ! Si vous étoit moins joli,
je ferois couper le tête ; mais vous utile
à moi.

PAULINE.

C'est bien vilain !

SANTAFIOCÉ.

Baron, elle est jolie.

THUNDERCRAFT.

Oh, je la garde à moi. Cherchez, vous
un autre. (*à Pauline.*) Comment appelle
vous ?

PAULINE.

Pauline.

THUNDERCRAFT.

Pauline ! c'est joli ! bien joli ! (*Voyant
un soldat qui dans le butin emporte une
vielle, il l'appelle et dit à Pauline, faisant le geste.*) Sais toi jouer ça ?

PAULINE.

Oh ! je suis trop triste.

THUNDERCRAFT.

Toi , trop triste ? quand baron Thundercraft veut aimer toi ? Si toi joue pas tout de suite, je vais toi faire deshabiller tout nue, par mes soldats.

PAULINE *avec effroi.*

Oh! je vais jouer.

(Elle joue ça ira , Thundercraft l'interrompt avec colère.

THUNDERCRAFT.

Que diable jouer ça! la diable a appris cette air à sans-culottes. Moi , je veux pas ça ira.

(Les soldats entendant la musique , se groupent ; Pauline joue divers airs révolutionnaires , que Thundercraft repousse avec colère successivement. Lorsqu'enfin elle joue la carmagnole , les soldats se mettent à danser malgré les cris de Thundercraft ; enfin Santasioce qui , pendant tous les airs , a offert la pantomime de la rage , les arrête en se jettant au milieu d'eux , avec des menaces.)

Quoi! diable! toujours airs sans-culottes! toujours! Soldats! c'est mauvais air! air Français !

Des

Des soldats.

Quoi ! cela aussi air français ? c'est bien dommage ! il est bien joli.

THUNDERCRAFT.

Cet air , il a mis bas la noblesse et la religion de la pape. (*à Pauline*) Pourquoi pas jouer autre chose que airs sans-culottes ?

PAULINE.

Nos instrumens ne peuvent plus jouer que ces airs là.

THUNDERCRAFT.

Moi , je veux apprendre un autre air à toi ; et puis toi chantera aussi.

> Vive notre empereur François ,
> Et tous les nobles de l'empire ;
> Vive la pape , et tous les rois ,
> Et tous les saints de la martire.

PAULINE *l'interrompant.*

Quelle horreur !

Des vieillards

Quelle horreur !

THUNDERCRAFT.

Pourquoi donc horreur ?

C

(34)

P A U L I N E.

Pourquoi chantez - vous des sottises ?
Vous êtes un esclave, (*aux vieillards*)
Fuyons !

T H U N D E R C R A F T *avec colère.*

Quoi ! diable , faut tuer tout ce canaille !
(*Aux soldats.*) Camarades ! amenez tous
ici !

> (*Des soldats vont à leur poursuite ; les amènent*
> *successivement sur l'avant-scène , pendant que*
> *d'autres les y gardent. Les aristocrates té-*
> *moignent leur satisfaction.*)

S A N T A F I O C É *avec une satisfaction de tigre.*

Il est tems que vous soyez raisonnable.
J'ai assez souffert de leur insolence.

> (*Courville , le Curé et les autres aristocrates*
> *montrent leur satisfaction et relèvent la tête*
> *avec insolence. Thundercraft les apperçoit.*)

T H U N D E R C R A F T *au curé.*

Et vous curé , pourquoi avoir permis
vos troupeaux avoir ces mauvais idées ?
Gage toi avoir prêté le mauvais serment ,
avoir dit comme eux ? (*à Pauline.*) Est-
il vrai Pauline ?

PAULINE.

Il est vrai !

LE CURÉ.

Monseigneur ! forcé par ces factieux , je
l'ai prêté de bouche , mais avec des restric-
tions mentales.

THUNDERCRAFT.

Toi avoir chanté ça ira ?

LE CURÉ.

On m'y a contraint.

THUNDERCRAFT.

Toi aussi couper la tête.

(*A cet arrêt tous les aristocrates se rendent
petits pour éviter d'être apperçus.*)

(*A Courville et autres.*) Et tous autres ?

COURVILLE.

Monseigneur , je n'étois rien.

LE CURÉ.

Il ment. Il étoit officier municipal......
Monsieur le baron ! grace ! pour ma franchise.

THUNDERCRAFT *faisant le geste d'une
écharpe.*

Lui , avoir le ruban comme ça ? ainsi

avoir prêté la serment sans - culotte !
coquin à tuer. (*Puis par réflexion mon-*
trant les autres aristocrates) Et tous aussi.

(*Les soldats entourent les prisonniers, les sabres*
nuds , comme prêts à les égorger.)

Les Vieillards.

Frappez , brigands !

Les Soldats.

Oui , vous périr !

Vous , renier la très-saint père.

Les Vieillards.

Pour la patrie il faut mourir.

Les Vieillards.	On ne croit plus au très-saint père.
Les Aristocrates.	Nous respectons le très-saint-pére.
Les Soldats.	Vous renier le très-saint-père.

Les soldats.

Oui, vous périr !

Les Vieillards , *avec fermeté.*	Les Aristocrates, *avec effroi.*
Nous périrons !	Nous périrons !
La liberté rend le courage.	Daignez recevoir notre hom-mage ?
Plutôt la mort que l'esclavage.	Nous chérirons notre escla-vage ,
C'est pour le fuir que nous mourrons.	C'est pour lui seul que nous vivrons.

THUNDERCRAFT.	SANTAFIOCÉ, *avec mépris et insolence.*

Aux vieillards.
Vous être gens avec courage.
Aux aristocrates.
Vous être nés pour esclavage.
Aux vieillards.
Vous braves gens! vous aime-
    rons ;
Moi, il consent qu'on vous
    pardonne,
Moi pas méchant, aimer brave
    homme.
Mais faut crier vivent les rois.
	En effet ! ce seroit dommage,
	Pour ces gens d'être en escla-
	    vage ;
	Bientôt nous les corrigerons.
	Quelle foiblesse ! il leur par-
	    donne :
	Mais j'y consens, s'il leur or-
	    donne,
	De bien crier vivent les rois.

Les soldats.

Il faut crier vivent les rois.

LES VIEILLARDS.	LES ARISTOCRATES.

Qui nous ? jamais ! ah, quel
    outrage !
Plutôt la mort, que l'esclavage;
Nous jurons haine à tous les
    rois.
	Avec plaisir ! c'est un outra-
	    ge,
	Que douter de notre esclavage:
	Jurons amour à tous les
	    rois.

Les soldats.

Criez ! criez ! vivent les rois.

Les vieillards.

Nous jurons haine à tous les rois.

THUNDERCRAFT.	SANTAFIOCÉ, *en ricanant.*

Vous avoir beaucoup de cou-
    rage !
Vous tuer tous, c'est bien do-
    mage ;
Mais volonté de tous les rois.
	Que nous importe leur cou-
	    rage !
	Tuer le peuple, quel doma-
	    ge !
	Quand c'est la volonté des rois.

<table>
<tr><td>

Les Soldats.

Vous tuer tous, c'est bien do-
  mage ,
Mais volonté de tous les rois.

</td><td>

Les Vieillards.

Plutôt la mort, que l'escla-
  vage ;
Nous jurons haine à tous les
  rois.

</td></tr>
</table>

Thundercraft.

Il faut tuer. C'est bien domage !
Car j'aime gens avec courage.

<table>
<tr><td>

Les Soldats.

Criez ! criez ! vivent les rois.

</td><td>

Les Vieillards.

Nous jurons haine à tous les
  rois.

</td></tr>
</table>

Santafiocé *avec un accent sangui-*
naire et le calme de la férocité.

Allons , soldats , dépêchez cette canaille !

Les vieillards.

Vive la République !

   (*Au moment où les soldats avancent sur eux,*
   on entend un coup de fusil ; ils s'arrêtent,
   et courent à leurs fusils épars en faisceaux
   d'armes.)

Un Soldat *accourant.*

Camarades ! la sans - culotte avance.
Venez vîte.

Thundercraft.

Aux armes !

   (*Le tambour bat la générale , les soldats par-*
   tent à mesure qu'ils s'organisent. Les vieil-
   lards s'échappent , ainsi que les enfans , et
   se réfugient dans leurs maisons , en témoi-
   gnant le plus profond mépris aux aristo-
   crates qui se retirent de leur côté. Pendant
   l'entracte on entend des décharges d'artillerie.

ACTE II.

SCENE PREMIERE.

LE CURÉ, COURVILLE, *arrivent chacun
de leur côté avec effroi.*

*(Pendant la scène, d'espace en espace , on
entend des décharges d'artillerie.*

COURVILLE.

Eh bien ! monsieur le curé , point de
nouvellesde la victoire de nos bons amis les
soldats du roi de Sardaigne? Ils auront
chassé cette canaille.

LE CURÉ.

A dire vrai, je suis moins pressé de les
voir , depuis que ce grossier Allemand a
vou u nous couper la tête.

COURVILLE.

Aimeriez-vous mieux les Français?

Le Curé.

Encore moins !... Nous aurions dû moins nous presser de changer de costume. Si les Piémontais étoient battus ?

Courville, *tristement.*

Les Français nous feront périr pour avoir abjuré le serment civique. Et s'ils sont battus ?

Le Curé.

Cet Allemand nous fera périr pour l'avoir prêté ?

Courville.

Quels dangers !

Le Curé.

Quel dommage !
Couper la tête d'un curé.

Courville.

Eh ! ce danger est votre ouvrage,
Par vous seul j'étois égaré.

Le Curé.

Mais , d'un curé le caractère !

Courville, *montrant ses rubans d'ordres.*

Et le respect pour mes rubans.

Le Curé.

Un noble est-il si nécessaire !

COURVILLE, *montrant le Curé avec un geste de*
mépris.

Pourquoi ces êtres mal-faisans !

(*Le Curé devient furieux.*)

LE CURÉ.

Ciel qu'on outrage !

COURVILLE.

Homme inutile !

LE CURÉ.

Eh ! tais-toi, noble ! homme servile !

COURVILLE.

Que pourrois-tu mieux demander ?
Avoir la palme du martire.

LE CURÉ.

Un tel propos me feroit rire,
Si j'étois plus loin du danger.
La religion le conseille ,
Mais sa morale sans pareille ,
Les prêtres ne la suivent pas ;
Nous savons bien qu'on doit y croire,
Que c'est une œuvre méritoire ,
Mais la vie a bien des appas.

(*On entend des décharges plus fortes et un bruit*
de guerre qui augmente.)

COURVILLE.

Que faire ! Les combattans approchent

de ce village ; leurs coups peuvent y porter..... Où fuir ?

LE CURÉ.

Quels dangers ! A quoi se décider ? Cet
Allemand, les Piémontais nous feront périr.
Les Français, à leur retour, ne nous traite-
ront pas mieux.

(On voit tomber quelques boulets sur la
place : des branches d'arbres tombent
comme coupées.)

COURVILLE.

Où fuir ! (*Il tombe à genoux.*) Mon père !
écoutez ma confession !

LE CURÉ.

Malheureux ! je ne vaux pas mieux que
toi. (*Un boulet, qui tombe près de lui, le*
fait tomber à genoux d'effroi.) Nous
sommes perdus !

COURVILLE, LE CURÉ à genoux.

Grand Dieu ! daignes me pardonner !
Cette frayeur va me donner
Du penchant pour la pénitence.
Au milieu de tous mes forfaits,
J'ai toujours chéri tes bienfaits,
En attendant résipiscence.

Vois mes regrets ! ce noble prêtre a mis
Mon sort aux mains des ennemis ;
Qu'il soit l'objet de ta vengeance !

Se levant.

Il te sied bien , homme sans mœurs,
De m'accuser de ta sottise !

C O U R V I L L E.

Les prêtres ont de mauvais cœurs,
Et beaucoup de fainéantise.

L E C U R É.

Les nobles en sont les auteurs,
Par leur orgueil et leur sottise.

C O U R V I L L E , L E C U R É.

Je mets un terme à ma fureur,
Au vain objet qui nous divise.
Un prêtre, un noble, ont . dans le cœur ,
Un même effroi de la franchise.

———————

SCENE DEUXIEME.

LES PRÉCÉDENS*, un peu à l'écart,* **S**ANTA-
FIOCÉ*, suivi de soldats.*

SANTAFIOCÉ.

Où donc est Thundercraft? Cette canaille-
là! on n'en viendra donc jamais à bout?

Se battre contre des paysans... , et être repoussés ! Oh ! c'est trop fort, ma noblesse ne peut supporter cet affront. Soldats ! pourquoi céder le terrein ? vous reployer ? Je vous ferai décimer.

Un Soldat.

Ces Français ne sont pas des hommes ; on ne peut rien contre eux.

Santafiocé.

Misérable ! on ne peut rien ! Je te ferai punir.

Le Soldat.

Pourquoi vous retirer ? nous vous avons suivi.

Santafiocé.

Misérable ! te comparer à moi ! Pouvois-je me battre contre cette canaille, moi, le marquis de Santafiocé ? Ces Sans-culottes ont si peu de respect pour les gens de qualité ! Jadis, on se faisoit la guerre avec politesse , on ne tuoit que des soldats : mais ces barbares connoissent-ils les usages ! Je me suis retiré ; ils m'auroient manqué de respect.

LE SOLDAT.

Ces sans-culottes ne vouloient pas nous ménager, ils nous auroient aussi manqué de respect.

SANTAFIOCÉ.

Mais , des paysans !

SCENE TROISIEME.

LES PRÉCÉDENS, THUNDERCRAFT *suivi d'un gros d'armée*, PIERRE *amené prisonnier.*

THUNDERCRAFT, *avec humeur.*

Au diable sans-culottes ! Quoi ! hommes, femmes , sans armes ; avec piques, bâtons, épées , fourches , mais sans fusils, battre mon troupe ! L'empereur , ma maître , avoir dit : il n'y a qu'à tuer sans-culottes. Ils se défendent , diable ! qu'il essaye lui ! Ils ont pacte avec la diable, ou je suis pas un noble baron de la Haute-Autriche. Saute-fossé, qu'as-tu fait ta régiment ?

SANTAFIOCÉ.

Mon régiment ! ils est anéanti.

THUNDERCRAFT, *avec humeur.*

Mais des paysans ! des femmes ! battre mon troupe, le troupe de baron Thundercraft. Moi, je fais plus le guerre avec ces gens : ils sont trop mauvais pour nous.

SANTAFIOCÉ.

Nous devons obéir. Nos maîtres veulent que nous écrasions ces factieux. Et comment pourrois-je supporter leur république ! moi, qui avois un hôtel à Paris, une petite maison, des terres : ils vendront tout cela. J'en mourrois de désespoir ! Il faut les écraser.... absolument.

THUNDERCRAFT.

Ma foi, Français écraser nous...... Ma maître est un coquin ; envoyer moi contre sans-culottes, qui sont braves gens, avec courage.

SANTAFIOCÉ.

Monsieur le baron, vous vous oubliez : le respect, qu'on doit à ses maîtres, doit nous empêcher de juger leurs intentions. D'ailleurs les Français ont avili la religion.

T H U N D E R C R A F T.

Toi as raison , marquis Santefossé , la
sans-culottes a détruit le noblesse et la
pape : faut tuer tous. .... mais faut pou-
voir. (*sé retournant à Pierre.*) As voilà
toi prisonnier , qui vouloit enlever la dra-
peau autrichien.

S A N T A F I O C É , *avec dédain.*

C'est-là ce coquin ?

P I E R R E , *avec fermeté.*

Respectes l'honnête homme dans le
malheur.

S A N T A F I O C É , *avec insolence.*

Un honnête homme ! ce manant se mêle
d'être un honnête homme ! de la canaille !

P I E R R E.

Oui , l'honnête homme ; c'est-à-dire ,
l'homme vertueux , le bon citoyen.

S A N T A F I O C É.

Citoyen ! voilà leur mot.

P I E R R E.

Oui , c'est le titre dont s'honore celui
qui chérit sa patrie , qui veut la liberté
de son pays , et qui déteste la corruption ,

dont les hommes tels que vous se glo-
rifioient.

SANTAFIOCÉ.

On diroit être à Paris ; c'est ainsi qu'ils
parlent tous. Pauvres animaux ! quand la
noblesse sera retablie , avec les parle-
mens , vous serez bien avancés !

PIERRE.

Jamais ! les Français veulent la liberté ,
et ils l'obtiendront.

THUNDERCRAFT.

Marquis Sautefossé , il parle pas mal ,
un homme du peuple. On voit pas ça chez
nous.

PIERRE, *avec feu.*

Ils sont esclaves , pourroient-ils parler
comme des hommes libres !

SANTAFIOCÉ.

Hommes libres ! que c'est bête ! Tais-toi
manant. (*Il s'avance pour lui arracher la
cocarde de son bonnet.*)

PIERRE, *s'y opposant avec force.*

Vous ne l'ôterez pas !

THUNDERCRAFT.

Donner ça , à moi ; tu es ma prisonnier.

PIERRE.

PIERRE.

Plutôt mourir !

THUNDERCRAFT.

Toi, un fou. J'ôterai de force. Donnes!

PIERRE.

Les Français m'ont donné ce signe de la liberté ; en me l'accordant, ils m'ont associé à leur gloire, je ne le quitterai jamais.

SANTAFIOCÉ.

C'est un insolent. Baron, faites-le punir.

THUNDERCRAFT.

Moi, aimer sa courage, s'il étoit pas un Français, ennemi de la noblesse et de la pape.

SANTAFIOCÉ.

Il ne mérite aucune grace.

THUNDERCRAFT, *fait signe d'avancer à deux caporaux.*

Tuer sans-culotte ; mais avant ôter ça ! *montrant sa cocarde.*

PIERRE, *la serrant contre son coeur.*

Plutôt la mort !

D

THUNDERCRAFT.

Eh bien , on va tuer toi. Si toi ne donnes pas , si toi ne marche pas dessus , (*Pierre fait un geste d'horreur.*) à l'instant fusillé.

(On conduit Pierre à un des angles de l'avant-scène. Un bas-officier vient lui mettre le bandeau sur les yeux ; d'une main il le repousse ; tandis que de l'autre , il tient son bonnet sur son coeur.)

PIERRE.

C'est inutile ; la mort n'effraie pas , quand on meurt pour sa patrie. Ma Georgine !

THUNDERCRAFT.

Quoi ! ta Georgine ?

PIERRE.

Oui, ma femme ; nous sommes mariés de ce matin.

THUNDERCRAFT.

Toi nouveau marié ? eh bien , toi pardonne. Donnes ça. *montrant la cocarde.*

PIERRE.

Georgine me mépriseroit !

(Thundercraft s'éloigne et fait signe au tambour de battre un rouffe. Pierre regarde avec tranquillité les soldats qui le mettent en joue,

T H U N D E R C R A F T , *faisant signe aux*
soldats d'attendre.

Toi va périr. Jettes moi ton cocarde ,
et toi sauve avec Georgine.

P I E R R E.

Les Français m'ont adopté : je saurai
mourir comme eux.

T H U N D E R C R A F T.

C'est pourtant beau un courage sans-culotte : j'aurois pas autant .... pourtant
baron autrichien..... *aux soldats avec un*
sentiment de peine. Allons , tire !

(*Le tambour bat un rouffle : les soldats mettent*
en joue.

SCENE QUATRIEME.

L E S   P R É C É D E N S ,   GEORGINE.

G E O R G I N E , *une épée nue à la main ,*
avec un grand développement d'énergie ,
se jette en avant des soldats, criant der-
rière elle.

Avancez donc ! il va périr. Avancez ,

D 2

Français ! vous, mes amis, avancez ! (*Pantomime d'étonnement des soldats.*) Monstres ! frémissez. La mort vous attend. Rien ne doit résister au courage des Français. *Elle vole à Pierre, lui donne son arme,* ta première victime me laissera son arme.

Th u n d e r c r a f t, *avec un air tout stupéfait.*

Quels diables de gens que sans-culottes ! Un femme, jeune et joli, venir ainsi !.... et moi savoir pas que faire. Quoi faire marquis Sautefossé ? faut-il tuer ?

S a n t a f i o c é.

Cette canaille ! sans doute.

P i e r r e, *qui avoit paru occupé de Georgine, se réveille à ce mot et s'élance sur Santafiocé.*

Canaille !

(*Santafiocé fuit et laisse tomber son arme, Georgine s'en empare et se place à côté de Pierre. On entend du bruit, des soldats et des habitans du village paroissent, les ennemis s'ébranlent, une décharge les balaye entièrement. Thundercraft qui étoit resté absorbé et regardoit Pierre et Georgine, est tiré de sa léthargie par des citoyens qui le font prisonnier.*

PIERRE.

Tu es notre prisonnier. Ne crains rien, les Français sont vertueux ; ils ont des égards pour le malheur.

THUNDERCRAFT.

Moi en être pas trop fâché. Moi être un autrichien, de la haute Autriche ; savoir boire, fumer et tuer, mais savoir pas ce qu'étoient sans-culottes avant de venir. Sont braves gens, baron Thundercraft bien aise connaître eux. La haute Autriche, il aime pas beaucoup l'empereur, mais il a peur de la pape.

PIERRE.

Laisse ce sobriquet baron ! tu es un soldat prisonnier ; on aura soin de toi, parce que tu es malheureux, parce qu'un Français est humain et généreux. *A Georgine :* Pardonnes, si j'ai donné mes premiers momens au malheur ; nous sommes réunis, et peut-être que son épouse gémit de son absence.

GEORGINE.

Je t'aime mieux, te voyant humain, que si tu l'avois repoussé pour ne t'occuper que de moi. Mon ami , toute notre vie sera-t-elle comme le premier jour de notre union !

PIERRE.

Non, ma Georgine : l'ennemi dispersé, l'Europe étonnée de notre courage, vont bientôt nous demander cette paix, que tout bon citoyen désire , mais qu'il ne veut obtenir qu'après l'anéantissement des tyrans qui l'attaquent.

SCENE CINQUIEME.

(On entend une musique gaie. Au moment où la troupe française paroît , commence la carmagnole ; les soldats entrent, en la dansant avec les citoyennes , qui les avoient suivis au premier acte. A cet air , toutes les portes et les croisées se garnissent des vieillards et des enfans qui manifestent leur joie , et sortent ensuite. Le maire et les officiers municipaux paroissent dans le fond et s'avancent. On apperçoit Santafiocé lié derrière eux.

LE MAIRE.

Immortelle liberté ! nous te rendons nos

hommages. C'est toi qui dirigea nos coups :
nous avons vaincu , car l'homme qui te
chérit devient invincible. Amis ! n'oubliez
jamais cette journée mémorable ! nous
avons voulu être libres, nous avons joint
nos efforts à ceux de nos défenseurs , et
nous avons été victorieux guidés par eux....
Quoi ! l'arbre de la liberté abattu , et nous
restons tranquilles !

C H Œ U R.

*(Tous s'empressent autour et le relèvent en
chantant l'air suivant, dont les repos indi-
quent les momens d'efforts.)*

Eh ! quelle main coupable !
De ce bien adorable
Il douta les effets.
(silence.)
Leurs ames mercenaires ,
De nos vertus sévères,
Craignent donc le succès.
(silence.)
Travaillons sans relâche !
(silence.)
Craignons l'homme assez lâche,
Par la haine égaré ,
Dont l'ame inaccessible
Au sentiment paisible ,
De vice est entouré.

(*silence.*)

Mais bonheur sans mélange,

Et que rien ne dérange,

Pour l'homme vertueux;

Que l'amour et la joie,

Pour lui seul se déploie,

Puisse le rendre heureux !

(*silence.*)

Notre travail s'achève,

Et l'arbre, dans la grève,

S'enfonce en ce moment.

Honneur aux Sans-culottes!

Aux soldats des despotes,

Leur nom est allarmant.

THUNDERCRAFT.

Oui , braves Sans culottes , vous la ter-reur des nobles de par-tout. Moi, votre prisonnier , et pas trop fâché. *Montrant Justine.* Voilà enfant plus courageux que moi : j'étois maître de cette village ; elle me dire aimer la liberté , me jouer ça ira.

JUSTINE , *aux citoyens de la commune.*

Vous m'aviez abandonnée! on me croyoit trop jeune pour connoître le prix de la liberté. . . . . Une autre fois. . . !

Un jeune homme.

Je t'aimais ; ce trait là me décide.

THUNDERCRAFT.

(57)

THUNDERCRAFT.

Lui être sage : avoir repoussé moi, commandant beaucoup dans l'armée.

LE MAIRE.

Mes amis , la liberté triomphe ! Toi ,
malheureux prisonnier, tu trouveras l'hu-
manité chez les Français.

PIERRE , GEORGES , JEAN.

J'obtiens enfin celle que j'aime.

GEORGINE , ALINE, PERETTE , *chacune à son épouse.*

Pour nous aimer toujours de même ,
Aurons-nous besoin d'un danger !

CHOEUR.

Pour vous aimer toujours de même,
Aurez-vous besoin d'un danger !

GEORGINE , ALINE , PERETTE.

Oh . non jamais ! c'est la patrie ,
Qu'il faut aimer , et son amie ,
Et ne jamais les négliger ;
Car toujours aimer sa compagne ,
Quand le civisme l'accompagne ,
Est le devoir d'un citoyen.

CHOEUR.

Car toujours , etc.

E

PIERRE, GEORGES, JEAN.

Vivre toujours pour sa patrie,
Vivre toujours pour son amie,
Est le devoir d'un citoyen.

CHŒUR.

Vivre, etc.

LE MAIRE.

Pour sa patrie et pour sa femme,
Avoir toujours égale flamme,
C'est le devoir d'un citoyen.
Mauvais époux et mauvais père,
Ainsi que tout célibataire,
Ne fut jamais bon citoyen.

CHŒUR.

Mauvais, etc.

LE MAIRE.

Il nous reste un devoir à remplir. Ces momens ont fait connoître les vrais citoyens ; ils ont aussi démasqué les traîtres. On doit les arrêter, et le tribunal révolutionnaire en fera justice : le curé, Courville, quelques autres n'ont point paru au combat. *Montrant Santafiocé.* Quant à celui-ci, son affaire sera bientôt faite.

(*Témoignages de satisfaction de tous les habitans.*)

Thundercraft.

Bon , justice ! c'est coquins vouloir prêter
serment à tout le monde. Il faut tuer ; c'est
toujours mauvaises gens. . . . . par-tout.

F I N.